Perfecta

Bryan Kandel

© 2017 Bryan Kandel TPRS

bryankandeltprs.com

ISBN-13:
978-1978040236

ISBN-10:
1978040237

1

Miguel López Colón tiene 27 años. Nació en Puebla, México en 1980. Cuando tenía cinco años, su familia salió de México y vino a Los Estados Unidos. Miguel creció en el pueblo pequeño de Normal, Illinois. Sabe hablar inglés y español. Habla español con su familia y amigos e inglés con sus colegas del trabajo. Tiene un trabajo en una empresa exitosa que fabrica partes para carros. Es ingeniero mecánico.

A pesar de tener mucho éxito en el trabajo, Miguel no es un hombre contento. Tiene muchos amigos. Su amigo Benjamín es un compañero del trabajo. Su amigo Carlos asiste la misma iglesia. Su amigo David juega al fútbol en el mismo club. Su amigo Fernando es el vecino que vive al lado. El problema es que todos sus amigos tienen esposas y Miguel no tiene una esposa. Ni tiene una novia. Se siente muy solo. Benjamín tiene una esposa y dos hijos. Carlos tiene una esposa y tres hijas. David está casado y tiene un hijo y Fernando tiene una familia muy grande – una esposa, tres hijos y dos hijas.

Miguel está triste porque no tiene a nadie. Quiere una esposa y muchos hijos. Pero primero, Miguel necesita una novia. Hace un mes, Miguel trató de cambiar la situación y resultó una aventura, la aventura más emocionante de su vida. Es mejor que comencemos por el principio.

Fue el viernes 22 de enero. Hacía mucho frío en Normal, IL y toda la gente pasaba mucho tiempo adentro de sus casas. Miguel estaba aburrido y quería salir con un amigo. Llamó a Benjamín. Benjamín contestó:

–Aló.

–Hola Benjamín –dijo Miguel–. ¿Quieres ir al cine conmigo para ver la película nueva de Batman?

–Lo siento, amigo. No puedo. Voy a la biblioteca con mis hijos para buscar libros nuevos.

–Está bien. No hay problema.

Miguel llamó a Carlos.

–Aló –dijo Carlos.

–Hola Carlos –dijo Miguel–. ¿Quieres ir al concierto de Lady Gaga conmigo?

–No hombre. No puedo. Mi esposa y yo vamos a comprar una mesa nueva para la cocina.

–Yo entiendo. Quizás otro día.

–Sí, otro día.

Miguel llamó a David.

–Aló –dijo David.

–Hola David –dijo Miguel–. ¿Quieres levantar pesas conmigo en el gimnasio?

–Ay, no puedo, amigo. Voy a mirar el partido de baloncesto de mi hija menor.

–Bueno, no hay problema. Adiós.

Miguel se puso triste. Nadie quería salir con él. Por último, llamó a Fernando. Fernando contestó:

–Aló

–Hola Fernando –dijo Miguel–. Estoy aburrido. ¿Quieres comer en un restaurante o ir a una discoteca?

–No Miguel. No puedo. Mi familia y yo vamos a hacer quehaceres en la casa.

Con tristeza en su voz, Miguel respondió–: ¡¡Ay, Dios mío! Nadie puede salir conmigo.

–Lo siento, Miguel –le dijo Fernando–. Necesitas una novia.

–Yo lo sé, pero ¿dónde puedo encontrar a una novia?

–Tengo una idea. Busca una novia en internet.

–¿En internet? Eso es para perdedores y hombres viejos y extraños. No quiero buscar a mujeres en internet.

–Yo entiendo, pero el problema es que no hay mujeres para ti en este pueblo pequeño. Hay muchas mujeres de todo el mundo en internet. Piénsalo. Vale la pena intentarlo.

A Miguel le disgustaba la idea. No quería buscar a mujeres en el internet. Decidió olvidar todo y empezó a mirar la televisión. En la televisión, había muchos programas de romance. Después de dos horas, Miguel se sentía aún más aburrido y más sólo. Necesitaba una novia. Se acercó a su computadora. Antes de buscar en internet, decidió hacer una lista de las características que quería en una novia. Escribió:

1. Quiero una novia bonita.
2. Quiero una novia que hable español.
3. Es importante que sea amable y paciente.
4. Ojalá que tenga el pelo negro y los ojos de color café.
5. Quiero una novia a quien le gusten los deportes.
6. Es importante que cocine bien.

Miguel terminó y miró su lista. No le parecía demasiado. Sabía que la mujer perfecta existía. Solo tenía que encontrarla. No sabía que eso se volvería un error grave.

2

Miguel empezó a navegar por internet. Accedió a la página de Google y buscó <<La novia perfecta>>. Llegó a un sitio que se llamaba *eharmony.com*.

Estaba emocionado. Había un montón de mujeres en el sitio. Después de navegar por una hora, encontró a la mujer perfecta. Se llamaba Raquel. Era bonitísima. En su foto, tenía los ojos de color café y el pelo negro. Hablaba el español. Era amable y paciente. Le gustaban los deportes, especialmente el béisbol. Le encantaba cocinar. Era perfecta. Casi perfecta. Había un problema. Raquel no vivía en Illinois. No vivía en Los Estados Unidos. Era dominicana. Vivía en la República Dominicana.

A Miguel no le importaba dónde vivía. Raquel era perfecta. Miguel le envió un correo electrónico a Raquel.

Querida Raquel

Te encontré en el sitio eharmony.com. Tú me pareces una novia perfecta. Eres muy bonita y amable. Te gustan los deportes y me gustan los deportes. Hablas español y yo hablo español. Te gusta cocinar y a mí me gusta comer. Creo que tú y yo somos la pareja perfecta. El universo quiere que estemos juntos. Es el destino. Te amo con todo el corazón. Quiero casarme contigo y tener una familia. ¿Cuántos hijos quieres? Yo quiero tres – dos hijos y una hija. ¿Quieres vivir en mi casa en Los Estados Unidos o en tu casa en la República Dominicana? Me da igual. Quiero estar contigo. Eres el azúcar en mi café, la luz en mi armario oscuro, la mantequilla en mi pan tostado. Ojalá que tú me quieras a mí también. Espero tu respuesta.

Con amor, besos y abrazos,

Miguel

Miguel miró el reloj. Eran las tres de la mañana. Había pasado mucho tiempo en la computadora y estaba muy cansado. Se lavó los dientes, fue a su dormitorio, se acostó en su cama y se durmió enseguida. Soñó con Raquel – la mujer perfecta con los ojos de color café y el pelo negro.

3

Cuando Miguel se despertó, corrió a su computadora y abrió el correo electrónico. Su corazón le dio un vuelco. Había un mensaje nuevo de Raquel. Lo abrió y lo leyó:

Querido Miguel,

No te he conocido, pero ya te amo. Recibí tu mensaje y lo leí diez veces. Después de leer, lloré por una hora. También, miré tu foto. ¡Ay dios mío! ¡Qué guapo! ¿Eres modelo profesional? ¿Levantas pesas todos los días? Por muchos años, he buscado al hombre perfecto y anoche lo encontré. Tú eres perfecto. Cuando miro tus ojos, veo mi futuro. Cuando leo tu mensaje, escucho las voces dulces de nuestros hijos. Cuando digo tu nombre, siento la paz en mi alma.

Quiero conocerte cara a cara. ¿Puedes venir a La República Dominicana? Por favor. Ven a mi casa. Quiero un beso de tu boca suave y un abrazo de tus brazos fuertes. ¡Apúrate!

Con amor y cariño,

Raquel

Miguel no lo podía creer. Después de un día en *eharmony.com*, encontró a la chica perfecta. Pausó por un momento y pensó que, quizás, era demasiada perfecta, pero estaba muy emocionado y no se preocupaba por eso. Miguel tenía que tomar una decisión. ¿Iba a ir a la República Dominicana? Rápidamente, decidió que sí.

Miguel navegó por internet y encontró los boletos de avión. Compró un boleto para Santo Domingo, la capital de la República Dominicana. Ya tenía su boleto y tenía un plan. Pronto, estaría cara a cara con la mujer de sus sueños.

Al día siguiente, Miguel entró a su trabajo y habló con su jefe.

–No puedo trabajar hoy –dijo Miguel.

–¿Por qué no? –dijo el jefe.

–Dentro de dos horas, voy al aeropuerto para subirme a un avión.

-¿Adónde vas?

-Voy a viajar a La República Dominicana para ver a mi novia.

-¿Qué? ¿Tienes una novia?

-Sí. La conocí anoche por internet. Ella es perfecta.

-Eh... ¿Estás seguro que ella sea perfecta?

-Claro que sí. Es la mujer de mis sueños.

-¿Cuántos días vas a estar en La República Dominicana?

-Yo no sé. Quizás una semana. Quizás un mes.

-¿Un mes? No puedes hacer eso. Te necesito aquí. Tienes responsabilidades aquí.

-No me importa. Tengo mis responsabilidades aquí, pero tengo al amor en La República Dominicana.

-Si tú sales, no tienes trabajo conmigo.

-Me da igual. No necesito un trabajo. Yo tengo amor en mi corazón.

–Pues, adiós. Acabas de perder tu trabajo. Estás despedido.

Miguel perdió su trabajo, pero no le importaba. Pensaba en una cosa – Raquel. Fue a su casa, hizo una maleta y fue al aeropuerto.

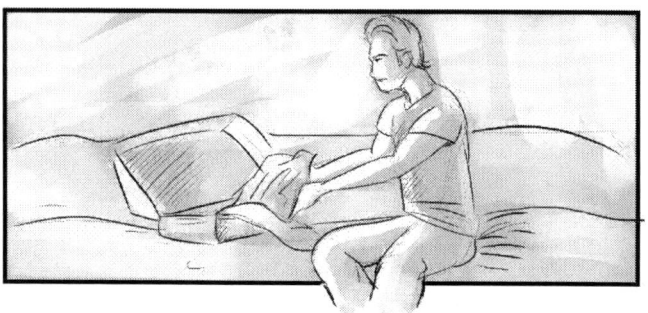

4

En el aeropuerto, Miguel sonría sin parar. Estaba pensando en Raquel. Quería verla, abrazarla y correr agarrado de las manos con ella por las bonitas playas de la República Dominicana. Facturó su equipaje, pasó por la seguridad y se subió al avión. Se sentó al lado de un hombre viejo que era dominicano. El avión despegó y Miguel estaba en camino para Santo Domingo. Después de casi una hora, el hombre empezó a conversar con Miguel:

–Te ves muy feliz y emocionado. ¿Por qué?

–Es verdad –dijo Miguel. -Estoy emocionado. Voy a la República Dominicana para conocer al amor de mi vida.

–¿De veras? ¿Ya sabes que ella es el amor de tu vida y no la has conocido?

–Sí. La conocí por internet, pero la voy a ver por primera vez cara a cara.

–Me imagino que es bonita. Todas las mujeres dominicanas son bonitas.

–Sí. En su foto, es un ángel.

–¿Qué tal si la foto no es de ella en realidad? ¿Cómo sabes que ella no te mostró la foto de otra mujer?

–No digas eso. Yo sé que la foto es real. Bueno, ojalá que la foto sea real.

Miguel se durmió en el avión. Tuvo un sueño maravilloso. Soñó con Raquel, la bella dominicana. En su sueño, Miguel y Raquel estaban en la playa al atardecer. Miraron los delfines en el mar y planearon su vida juntos. Los ojos de Raquel estaban llenos de cariño y el corazón de Miguel estaba lleno de amor. Fue un momento perfecto. Se besaban cuando Miguel se despertó. Los auxiliares de vuelo estaban dando instrucciones. El avión iba a aterrizar. Miguel no lo podía creer. Iba a conocer a Raquel. Estaba nervioso pero emocionadísimo.

Miguel salió del avión y entró al Aeropuerto Internacional Las Américas, el aeropuerto más grande de la República Dominicana. Tenía que pasar por la inmigración. Un oficial de inmigración le hizo muchas preguntas:

—¿Por qué está usted aquí en la República Dominicana?

—Estoy aquí para visitar a mi novia, el amor de mi vida —respondió Miguel.

—¿Y dónde vive ella?

—Vive en la República Dominicana.

—¿De veras? —dijo el oficial sarcásticamente—. ¿En qué parte?

—No lo sé.

—¿Cómo que no sabe? ¿Cuál es su nombre?

—Se llama Raquel.

—¿Y su apellido?

—Eh... pues... No sé su apellido.

—A ver si entiendo bien. ¿Usted no sabe dónde vive su novia y tampoco sabe su apellido?

–Correcto. Nos conocimos por internet. Ella me espera aquí en el aeropuerto.

–¡Ay Dios mío!

–¿Puedo entrar al país?

–Sí. Buena suerte. Ojalá que ella sea real.

El oficial le puso un sello al pasaporte de Miguel y lo dejó pasar. Miguel recogió sus maletas y pasó por la aduana. Salió del aeropuerto y sintió el aire fresco dominicano. Hacía un tiempo buenísimo afuera. Empezó a buscar a Raquel. Buscó el pelo negro y los ojos de color café de su foto, pero no los vio. Después de buscar por cinco minutos, Miguel vio a un hombre con un letrero que decía, *Miguel López Colón*.

El hombre era grande y fuerte y tenía una barba. Miguel se le acercó:

–Hola. Soy Miguel López Colón.

–Hola Miguel –dijo el hombre–. Es un placer conocerte. Me llamo Víctor.

–Hola Víctor. ¿Dónde está Raquel?

–Está en su casa, esperándote. Yo soy taxista. Raquel me mandó al aeropuerto para encontrarte y llevarte a su casa.

–Excelente.

–¿Estás listo? Mi auto está cerca en el parqueo.

–Sí, claro. Vámonos.

Caminaron al taxi de Víctor. Víctor se subió al taxi. Miguel puso sus maletas en el taxi y se subió también. Estaba emocionado. Por fin, iba a conocer a su novia.

5

Mientras Víctor manejaba el taxi, Miguel miraba el paisaje dominicano. El país era hermoso. Vio muchas palmeras. No había palmeras en Normal, Illinois.

Miguel empezó a conversar con Víctor.

–Este país es magnífico. ¿Has vivido aquí toda la vida? –le preguntó Miguel.

—Sí. Es mi patria —respondió Víctor. No podría vivir en otro lugar.

—Es un placer estar aquí. Estoy emocionado por conocer a Raquel. ¿Cómo es ella? ¿Es bonita?

—Eh... sí es muy bonita.

—¿Es amable?

—Eh... sí es muy amable.

—¿Cómo es su voz? Me imagino que tiene la voz de un ángel.

—Sí... tiene la voz de... un ángel. ¿Por qué haces muchas preguntas? Debes esperar para conocerla. Raquel es una mujer increíble. No voy a decir nada más.

—Sí, buena idea. Todo va a ser una sorpresa, una sorpresa maravillosa.

Mientras Miguel hablaba con Víctor, no veía las calles en que manejaba. Miró otra vez y vio que estaban en una parte sucia y vieja de la ciudad. Había muchos edificios abandonados. Estaba un poco preocupado. Víctor entró a un parqueo enfrente de un edificio abandonado y apagó el motor del taxi. Miguel estaba confundido.

—Aquí estamos —dijo Víctor.

—¿Es la casa de Raquel? —dijo Miguel. No me parece una casa.

—Eh... pues sí... Las casas son diferentes aquí en la República Dominicana. Sal del taxi, por favor.

Miguel salió del carro y miró a su alrededor. En realidad, esa parte de la ciudad era fea. No quería vivir allí con Raquel. Ellos buscarían otra casa en Santo Domingo o vivirían en Los Estados Unidos. El amor de su vida no podría vivir en un edificio abandonado.

Miguel miró a Víctor. Víctor no sonreía como antes. Tenía una cara muy seria. Y, además, tenía una pistola en su mano. ¡Una pistola!

—¡Ay, Dios mío! —gritó Miguel—. ¿Por qué tienes una pistola?

–Miguel, hoy no vamos a la casa de Raquel –dijo Víctor.

–¿No vamos a la casa de Raquel? ¿Por qué no?

–Por qué yo necesito zapatos nuevos y una casa nueva cerca de la playa.

–¿Qué?

–Ay, Miguel. Qué tonto que eres. ¿No entiendes que esto es un robo? Te voy a robar el dinero.

–¿Un robo? Pero, quiero ir a la casa de Raquel. Después del robo, ¿podemos ir a su casa?

Víctor estaba enojado y puso la pistola en la cara de Miguel:

–¡Dame tu dinero ya!

Con mucho miedo, Miguel sacó la billetera del bolsillo de sus pantalones y la abrió. Había cinco dólares estadounidenses y nada más. Miguel le dio el dinero a Víctor. Víctor se puso aún más enojado.

–Tienes más –dijo Víctor–. Sé que tienes más. ¿Dónde está?

—No señor —dijo Miguel—. No tengo mucho dinero, solo amor para Raquel. ¿Puedo ir a su casa ahora?

—Yo tengo una idea. Tu maleta. Sácala del taxi y ábrela. Hay más dinero dentro de la maleta.

Miguel sacó la maleta del taxi y la abrió. Adentro, no había dinero. No había nada de valor. Había unas flores, unos chocolates, los calcetines, una camisa, un cepillo de dientes, la ropa interior y nada más. Víctor estaba muy frustrado.

—¿Cómo es posible que hayas hecho un viaje a otro país sin mucho dinero?

—No necesito dinero —respondió Miguel—. Tengo amor en mi coraz...

—¡Ya basta con *el amor*! —gritó Víctor. El amor no me comprará una casa nueva cerca de la playa. El amor no me dará zapatos nuevos. Necesito dinero.

Miguel tenía miedo porque Víctor estaba muy enojado. Víctor sacó una cuerda del taxi y ató las manos de Miguel detrás de su espalda. Después, Víctor lo llevó dentro del edificio abandonado. Adentro, un poco de luz del sol entró por una ventana rota, pero el edificio estaba oscuro. Víctor encontró una silla y puso a Miguel en la silla. Víctor ató los pies de Miguel a la silla y empezó a salir del edificio. Justo antes de salir por la puerta, Víctor se dio vuelta y le dijo a Miguel,

–No hemos terminado.

6

Miguel se sentó en silencio y escuchó a Víctor afuera. Víctor arrancó el carro y salió del parqueo. Miguel sabía que no tenía mucho tiempo. Tenía que irse del edificio abandonado antes del regreso de Víctor. Víctor iba a matarlo porque no tenía ningún dinero. Miguel trató de liberarse de las cuerdas en sus manos y sus pies, pero no lo pudo hacer.

Descansó por un momento y cerró los ojos. Cuando cerró los ojos, vio a la cara de Raquel. En la visión, Raquel habló con Miguel:

—Miguel, ¿dónde estás? —dijo Raquel—. Quiero que vengas a mi casa. Quiero que me beses. Quiero que seas mi hombre para siempre.

—Mi amor, no puedo —contestó Miguel. Un taxista me secuestró y me ató a esta silla en un edificio abandonado. No puedo liberarme.

—Mentira. Puedes hacerlo. Eres mi hombre fuerte. Nada puede interrumpir nuestro amor.

Miguel abrió los ojos con una determinación renovada. Sabía que iba a liberarse para ver al amor de su vida. Con toda su fuerza, Miguel levantó sus pies y rompió las cuerdas. Sus pies estaban libres. Miguel se levantó con las manos todavía atadas atrás y caminó por el edificio. En un rincón, vio la solución a su problema. Había un cuchillo. Usó el cuchillo para romper la cuerda en sus manos. Estaba completamente libre.

Miguel corrió a la puerta y salió del edificio al sol brillante. Por un momento, no podía ver. Pero después de acostumbrarse al sol, estaba bien. Sabía que tenía que correr. Corrió con todo su corazón.

Pasó otros edificios abandonados y vio a personas en la calle, pero no dejó de correr para nada. Corrió por diez minutos y llegó a una parte más bonita de la ciudad. Estaba en la Zona Colonial. La parte más vieja e histórica de Santo Domingo. Había edificios viejos, parques y estatuas. Pasó por el Parque Colón y llegó a la Calle El Conde. Era una calle angosta con tiendas, cafés, mercados, restaurantes y mucha gente caminando.

Miguel necesitaba comunicarse con Raquel. ¿Pero cómo? No sabía su número de teléfono. No sabía su apellido. No sabía dónde vivía. No conocía la ciudad. Estaba desesperado. En ese momento, vio un edificio y tenía una idea. Era un café de internet. Miguel entró y quería usar una computadora para escribirle un correo electrónico a Raquel. Había un problema. El internet costaba 200 pesos dominicanos por hora. Miguel no tenía nada. El taxista le robó todo su dinero.

Había un muchacho joven trabajando en el café. Tenía 16 años más o menos. Estaba jugando un juego de zombis en una computadora cuando Miguel se le acercó para hablar:

—Hola —dijo Miguel—. ¿Cómo estás?

—Bien —dijo el muchacho—. ¿Y tú?

—Bien, pero tengo una pregunta. ¿Tienes una novia?

—¿Una novia? Sí. Tengo una novia.

—Pues, describe a ella. ¿Cómo es?

El muchacho respondió con pasión en la voz:

—Es magnífica. Se llama Carolina. Es alta y bonita. Es inteligente. Habla tres idiomas. Tiene los labios muy suaves. Me encanta pasar tiempo con ella.

—Qué bueno es el amor, ¿verdad?

—Sí.

—Imagínate que tú quieres hablar con Carolina, pero no puedes. ¿Sería un problema?

—Sí. Eso sería horrible.

—Exacto. Es mi situación hoy. Necesito comunicarme con el amor de mi vida, pero no puedo. No tengo dinero para usar una computadora.

—¡Qué lástima!

—Por favor, ¿Me puedes ayudar? Es por el amor.

El muchacho respondió en una voz suave:

—Pues... No puedo detener el amor. Si es por el amor, está bien. Puedes usar la computadora número siete. Pero, no digas nada a mi padre. Es el dueño de este café.

—Gracias amigo —dijo Miguel—. Eres muy amable.

Miguel se sentó a la computadora número siete y se conectó a su correo electrónico.

7

Víctor, el *taxista* entró a una casa pequeña y roja en otro barrio de Santo Domingo. Había tres hombres adentro. El jefe del grupo era un hombre grande y fuerte que se llamaba Arturo. Habló con Víctor:

–¿Tienes el dinero?

–No –respondió Víctor–. El idiota tenía cinco dólares y nada más.

–¿Cinco dólares? Vino de Los Estados Unidos, ¿verdad? ¿Cómo es posible que vino sin dinero?

–Dijo que tenía el amor en su corazón y no necesitaba nada más.

–¿El amor? ¿Tiene el amor? El amor no existe.

–Estaba lleno de pasión. Creo que el amor existe en su corazón.

–Ja ja. No olvides que el hombre está enamorado de una mujer que NO EXISTE. Es parte de nuestra imaginación – un plan para robar el dinero y nada más.

–Es verdad.

–¿Lo mataste? ¿Está muerto? ¿Qué hiciste con el cuerpo?

–No. Está atado a una silla en el edificio abandonado. Tengo una idea. Me imagino que Miguel tiene familia y amigos en Los Estados Unidos que pagarían por su vida.

–Un rescate… Buena idea.

Santiago, otro hombre en la casa que estaba trabajando en una computadora los interrumpió:

–Eh… no creo que Miguel esté atado a una silla en el edificio abandonado.

–¿Por qué no? le preguntó Arturo.

–Acabo de recibir un correo electrónico muy interesante.

Arturo, Víctor y los otros hombres se acercaron a la computadora y leyeron la nota de Miguel para Raquel:

Hola mi amor,

Tengo un problema. Estoy en la República Dominicana. Llegué hoy y un hombre me robó. Me llevó a un edificio abandonado y me dejó atado a una silla. Me escapé y corrí a la Zona Colonial. Ahora, estoy en un café de internet y no tengo nada. Ayúdame por favor. No sé tu número de teléfono ni tu apellido ni dónde vives.

Por favor, responde rápidamente a este mensaje. Voy a esperar aquí en el café. Te amo y te necesito. Sé que tu amor es fuerte y poderoso y puede salvarme.

Espero verte pronto,

Miguel

Víctor, Arturo, Santiago y los otros se rieron. No podían creer que Miguel era tan tonto y no sabía la verdad. Decidieron responder a su carta con una carta de *Raquel*.

8

Después de enviar el mensaje a Raquel, Miguel pasó tiempo navegando el internet e investigando el país de la República Dominicana. Leyó sobre El Lago Enriquillo, El Parque Nacional del Este, La Plaza de la Cultura y El Monte Isabel de Torres. Quería explorarlos con Raquel a su lado. No había mucha gente en el café. Eran las tres de la tarde. Revisó su correo electrónico y había un mensaje nuevo de Raquel.

Mi querido Miguel,

Lo siento que hayas tenido tantos problemas. Me imagino que tenías mucho miedo cuando el taxista te robó. Pero, gracias a dios que estés bien. Los robos son comunes aquí en la República Dominicana.

Mi apellido es Ramírez Chacón. Vivo en una casa pequeña y roja. Hay un parque que se llama María Trinidad Sánchez. Está a la intersección de la Calle 19 de Marzo y la Calle Las Mercedes.

Mi hermano tiene un carro y te va a recoger allí a las 6:00 para traerte a mi casa. Espero verte y besarte pronto.

Con amor,

Raquel

Miguel se levantó de su silla, se despidió del muchacho joven y salió del café.

Santiago, el compañero de Arturo y Víctor, salió de la casa roja y se subió a su carro. Víctor no podía ir porque Miguel lo conocía. Santiago tenía que ser el *hermano de Raquel*. Arrancó el carro y manejó a la Plaza Central. No podía creer que era un criminal trabajando para Arturo y robando a la gente inocente como Miguel. Pobre Miguel. No sabía nada. Era un hombre amable que estaba enamorado de una mujer que no existía. De niño, Santiago quería ser arquitecto. Le interesaban los edificios y quería diseñar partes de la ciudad de Santo Domingo. Y ahora, estaba manejando por las calles de la ciudad para robar a un hombre inocente.

Santiago vio a Miguel en el Parque María Trinidad Sánchez y paró el carro. Salió y le dio la mano a Miguel:

—Hola –dijo Santiago–. ¿Eres Miguel, el novio de Raquel?

—Sí, soy yo –dijo Miguel.

—Soy Santiago, su hermano. Es un placer conocerte.

—Igualmente.

—Raquel está emocionada por conocerte. Vamos.

Miguel se subió al carro y Santiago lo arrancó. El viaje duró solamente diez minutos y llegaron a la casa roja.

—Aquí estamos –dijo Santiago.

—Aquí estamos – repitió Miguel.

9

Miguel y Santiago entraron a la casa, pero Raquel no estaba allí. Estaban en la sala y no había nadie.

–Siéntate en el sofá –le dijo Santiago a Miguel-. Voy a buscar a mi hermana.

Miguel se sentó y Santiago salió de la sala. Miguel estaba solo. Miró a su alrededor. Había un sofá, dos sillones y un televisor. La casa estaba sucia y no había nada de decoraciones. No parecía la casa de una mujer, especialmente de su querida Raquel. Miguel se sentía incómodo. Quería irse. Se estaba levantando cuando Víctor entró la sala con una pistola.

–¿Víctor? –dijo Miguel, sorprendido.

–Hola Miguel -le dijo Víctor en una voz suave.   -Siéntate por favor.

–¿Por qué estás en la casa de Raquel?

–¡Ay, Dios mío, Miguel! ¿Cómo que no ves que Raquel no existe?

–¿Raquel no existe?

–No. No es real. Es parte de nuestro plan para robar a los hombres ricos y patéticos.

En ese momento, Santiago, Arturo y dos hombres más entraron a la sala. Arturo habló con Miguel.

–Pero, hay un problema en tu situación, Miguel. Tú no eres rico... sólo patético.

–Es verdad –dijo Miguel–. No soy rico. No me necesitan. ¿Puedo irme?

–No señor. Tenemos otro plan para ti. Me imagino que tienes una familia y unos amigos en Los Estados Unidos que pueden pagar por tu vida. Vamos a llamarlos. Si ellos cooperan y nos pagan, puedes irte como un hombre libre. Si no nos pagan, te voy a matar. Y debes saber que no me molesta la idea de matarte. Ya has causado muchos problemas para nosotros.

Miguel empezó a llorar.

—Soy un idiota —dijo Miguel. Creía que era real. ¿Cómo es posible que no sabía la verdad?

—Es verdad —dijo Arturo—. Eres un idiota. Y si tus amigos no me pagan, vas a ser un idiota muerto.

—¿Roban dinero de muchas personas de esta manera? —le preguntó Miguel a Arturo.

Arturo respondió orgullosamente:

—Sí. Hemos robado a un montón de hombres. Siempre es lo mismo. Un hombre sólo busca el amor. Después de dos o tres mensajes en su correo electrónico de una mujer ficticia, creen que su futura esposa está esperando en la República Dominicana. Llegan acá, los robamos y regresan a su casa sin saber quiénes somos ni lo que vamos a hacer con su dinero. Típicamente, los hombres tienen mucho dinero y el robo es fácil, pero tu caso es distinto. No tienes nada.

—Tengo el amor —dijo Miguel—. Es algo.

—¿El amor? ¿Todavía crees en el amor?

—Sí. Un grupo de ladrones sucios no me pueden quitar el amor de mi corazón.

En ese momento, hubo una explosión y la casa se llenó de humo y gas. Se oyó una voz fuerte que gritó:

-¡Suelten las armas y todos al suelo!

Muchos policías entraron a la casa gritando y agarrando a los hombres. Dentro de dos minutos todos fueron capturados y estaban afuera.

10

El capitán de la policía era un hombre viejo que se llamaba Martín. Fuera de la casa roja, estaba caminando y mirando a los criminales. Había cinco hombres que llevaban las esposas en las manos. Miguel estaba de pie en la calle. Martín se le acercó.

–Gracias Miguel –le dijo el capitán–. Nos has ayudado a capturar a unos criminales peligrosos. Arturo y sus amigos han robado a mucha gente y han causado muchos problemas en nuestro país hermoso.

—Es un placer ayudar —dijo Miguel.

—¿Ayudar? —dijo Arturo—. ¿Ayudaste a la policía, Miguel?

—Es verdad —respondió Martín—. Miguel nos dijo dónde estaban ustedes. Y gracias al micrófono que llevaba debajo de su camisa, grabamos una confesión de sus acciones durante los años pasados.

—¿Eres policía, Miguel? —le preguntó Arturo.

—No —le contestó Miguel—. Soy un hombre que sabía la verdad y quería eliminar al enemigo del amor.

—¿Cómo supiste que éramos ladrones y que Raquel no existía?

—Supe la verdad cuando leí el segundo mensaje de correo electrónico. En mi mensaje a Raquel, le dije que un hombre me robó. No mencioné a un taxista. En la respuesta, estaba escrita la frase, <<Me imagino que tenías miedo cuando el taxista te robó.>> ¿Cómo era posible que Raquel sabía que un taxista me robó? La única posibilidad fue que todo estaba relacionado y que "Raquel" era parte de su plan y nada más. Fui directamente a la policía y les dije todo.

Arturo estaba frustrado y dijo:

–Un detalle minuto que arruinó todo. Bien hecho, Miguel. No eres un idiota.

11

Miguel le dio el boleto al auxiliar de vuelo y salió del aeropuerto para abordar al avión. Antes de abordar, miró al paisaje dominicano una vez más. Hacía un sol precioso. Estaba agradecido que no estaba muerto pero un poco desilusionado que no había encontrado al amor de su vida.

Encontró su asiento y se sentó. Estaba muy cansado. Quería dormir hasta llegar al aeropuerto de Chicago. Otra gente entró y el avión estaba casi lleno. Había muchas personas estadounidenses que iban de vuelta a su patria después de vacaciones y muchas personas dominicanas que iban a visitar a Los Estados Unidos.

Una mujer dominicana se sentó al lado de Miguel. Era bonita. Tenía los ojos de color café y el pelo negro. Era obvio que estaba un poco nerviosa.

Miguel empezó una conversación.

–¿Es tu primera vez en un avión? –le preguntó Miguel.

–Sí –le dijo la mujer–. Estoy nerviosa. ¿Es obvio?

–Un poco. ¿Por qué vas a Los Estados Unidos?

–Voy a una entrevista de trabajo con un periódico.

–¿Eres periodista?

–Sí. Soy reportera de deportes. Hay un periódico en Chicago en busca de alguien que escriba en español para reportar de los deportes para la población hispanohablante.

–Impresionante. Buena suerte. Espero leer tus artículos en el futuro.

–Gracias. ¿Te gustan los deportes?

–Me encantan los deportes.

–¿Y por qué estabas en la República Dominicana?

–Estaba… eh… visitando… es una larga historia.

–Tengo tiempo. Es un vuelo largo. Dime.

–Pues, todo empezó cuando… Eh, que mal educado que soy. No te he preguntado tu nombre. ¿Cómo te llamas?

La mujer sonrió y le respondió:

–Me llamo... Raquel.

GLOSARIO

abrazo – hug
abrió – opened
aburrido – boring
acabas de – you just
acabo de recibir – I just received
accedió – he accessed
además – in addition
adentro – inside
aduana – customs
afuera – out(side)
agarrando – grabbing
agradecido – thankful
algo – something
alguien – someone
alrededor – around
amable – kind/friendly
angosta – narrow
antes – before
apagó – turned off
apellido – last name, surname
apúrate – hurry
armario – closet
arrancó – started (a car)
asiento – seat
asiste – attends

atado(os,as) – tied
atardecer – sunset
aterrizar – to land
ató – tied
atrás – behind
aún – even
auxiliar de vuelo – flight attendant
avión – airplane
ay dios mío – oh my god
ayudar – to help
azúcar – sugar
barba – beard
barrio – neighborhood
basta – enough, stop
bella – beautiful
besarte – to kiss you
besos – kisses
billetera – wallet
boca – mouth
boletos – tickets
brazos – arms
brillante – shiny
busca – looks for, searches
calcetines – socks
calle – street
cansado – tired

cara – face
cara a cara – face to face
cariño – affection
carta – letter
casado – married
casarme – to marry me
casi – almost
cerca – near, close
cerró – closed
ciudad – city
claro que sí – of course
cocinar – to cook
colegas – colleague,
compañero de trabajo – workmate
comunes – common
confundido – confused
conmigo – with me
conocí – I met
conocía – knew
contigo – with you
correo electrónico – email
cosa – thing
creció – grew up
cree que – believes that
creer – to believe
creía – believed

creo que – I believe that, I think that
cuchillo – knife
cuerda – cord, rope
cuerpo – body
de pie – standing
de veras – really
debajo – under
debes – you should
debes saber – you should know
decir – to say, tell
dejó – stopped, left, quit
dejó de correr – quit running
delfines – dolphins
demasiado – too much
dentro – in(side)
dentro de – within
deportes – sports
descansó – rested
desilusionado – disappointed
despegó – took off
después – after
detalle – detail
detener – to stop, detain
detrás – behind
dime – tell me
dio – gave

dio la mano – shook his hand
diseñar – to design
distinto – different
dueño – owner
dulces – sweet
duró – lasted
edificios – buildings
empezó a – started to
empresa – business
en camino – on the way
enamorado – in love
encontrar – to find
enemigo – enemy
enfrente – in front, facing
enojado – angry
enseguida – right away
entiendes – you understand
entrevista – interview
enviar – to send
envió – sent
equipaje – luggage
escrito – written
eso – that
espalda – back
espera – waits, waiting, wait (command)
esperándote – waiting for you

espero – I hope
esposas – handcuffs (wives)
estaría – would be
éxito – success
exitosa – successful
extraños – strange
fácil – easy
fabrica – makes, fabricates
facturó – checked
feliz – happy
flores – flowers
fuerza – strength
gente – people
grabamos – we recorded
gritando – yelling
gritó – yelled
hace un mes – one month ago
hacer – to do
hasta – until
hayas hecho – you have made
hecho – done
hiciste – you did
hiciste un viaje – you took a trip
hispanohablante – Spanish-speaker
hizo muchas preguntas – asked a lot of questions
hizo una maleta – packed a suitcase

humo – smoke
iba a – was going to
iban de vuelta – were going back
idiomas – languages
igualmente – likewise
incómoda – uncomfortable
ingeniero – engineer
intentar – to try
irse – to leave
irte – to leave (you)
joven – young
juntos – together
justo antes – just before
ladrones – thieves
le dio – gave
letrero – sign
levantar pesas – to lift weights
levantó – raised
liberarse – to get free
libres – free
listo – ready
llamó – called
llegaron – they arrived
llegó – he/she/it arrived
llegué – I arrived
llenó – filled

llenos – full
llevaba – was wearing
llevarte – take you
llevó – took
lugar – place
luz – light
mal educado – rude, ill-mannered
maleta – suitcase
mandó – sent
manejó – drove
manera – way
manos – hands
mantequilla – butter
mar – sea
matar – to kill
mataste – you killed
me da igual – it's all the same to me, I don't care
me dejó atado – left me tied up
me encanta – I love
me imagino – I imagine
me parece – it seems to me
mejor – better, best
mentira – lie
mercados – markets
mes – month
miedo – fear

mismo(a) – same
molesta – bothers
montón – ton
mostró – showed
muerto – dead
nació – was born
nadie – nobody
ni – neither, nor
ningún – none
no digas eso – don't say that
novia – girlfriend
nuestro(s) – our
ojalá – I hope, Let's hope
olvidar – to forget
olvides (no olvides) – don't forget
orgullo – pride
orgullosamente – proudly
oscuro – dark
oyó – heard
pagarían – would pay
país – country
paisaje – landscape
palmeras – palm trees
parece – seems
pareces – you seem
parecía – seemed

partido – game
patria – homeland, country
paz – peace
película – movie
peligrosos – dangerous
pensaba – was thinking
pensó – thought
perdedores – losers
perder – to lose
perdió – lost
periódico – newspaper
periodista – journalist
piénsalo – think about it
pies – feet
placer – pleasure
población – population
poderoso – powerful
podría – could
por último – finally
preguntas – questions
pudo – could
pueblo – town
puerta – door
puso – put
que lástima – what a shame
qué tal si – what if

quehaceres – chores
querida – dear, beloved
quitar – to take away
quizás – maybe
recoger – to pick up
recogió – picked up
regreso – return
reloj – clock
reportera – reporter
rescate – ransom
respuesta – answer, response
revisó – checked
rincón – corner
robo – robbery
romper – to break
rompió – broke
ropa interior – underwear
rota – broken
sabe – knows
sabía – knew
sala – living room
sales – you leave
salió – left
se acercaron – they approached
se acercó – approached
se acostó – lay down

se despertó – woke up
se despidió – bid farewell, said goodbye
se dio vuelta – turned around
se inscribió – signed up
se oyó – it was heard
se preocupaba – worried about
se puso triste – got sad
se rieron – laughed
se sentía – felt
se sentó – sat
se siente – feels
se subió – boarded, got on
sello – stamp
semana – week
sentado – seated
sería – would be
siéntate – sit down (command)
siento – I feel
silla – chair
sillones – armchair
sin – without
sin parar – without stopping
sintió – felt
sobre – about
somos – we are
soñó con – dreamed about

sonreía – was smiling
sonrió – smiled
sorpresa – surprised
suave – soft, smooth
subirme – to get on
sucia(os) – dirty
suelo – floor, ground
suelten las armas – drop your weapons
sueños – dreams
tan tonto – as dumb
te ves – you look
todavía – still, yet
tonto – dumb, foolish
traerte – to bring you
trató de – tried to
tristeza – sadness
tuvo – had
única – only
vale la pena – it's worth the trouble
valor – value
veces – times
vecino – neighbor
ven – come (command)
venir – to come
ventana – window
verdad – truth, true

verte – to see you
viajar – to travel
viaje – trip
vida – life
viejo(s) – old
vino – came
vio – saw
voces – voices
voz – voice
vuelco – a turn, flip
vuelo – flight
vuelta – return, turn
ya – already, now

Also from Bryan Kandel TPRS

Los Sobrevivientes: Based on the incredible true story of the rugby team from Uruguay that crashed in the Andes mountains in 1972, *Los Sobrevivientes* tells a tale of survival and hope that will inspire Spanish students of all ages.

Find *Los Sobrevivientes* and other useful resources at bryankandeltprs.com.

Made in the USA
Middletown, DE
07 May 2019